MANIPULACIÓN

APÓSTOLES MODERNOS
LA COBERTURA Y EL DIEZMO DE DIEZMOS

JA PÉREZ

MANIPULACIÓN: APÓSTOLES MODERNOS, LA COBERTURA Y EL DIEZMO DE DIEZMOS

© 2019 JA Pérez
Todos los derechos reservados en toda imagen y letra.
Copyright © 2019 por JA Pérez.

Nota de derechos
Todos los derechos reservados. Ninguna parte de este libro puede ser reproducida o transmitida en forma alguna ya sea por medios electrónicos, mecánicos, fotocopiados, grabados o en ninguna otra forma sin el expreso consentimiento escrito de la publicadora.

Nota sobre riesgos
La información contenida en este libro es distribuida "como está" y sin garantías. Ni el autor ni Keen Sight Books se hacen responsables en cuanto a daños causados por interpretaciones individuales privadas del contenido aquí expuesto.

Marcas Registradas

Manipulación: Apóstoles modernos, la cobertura y el diezmo de diezmos
es un título propiedad de JA Pérez, publicado y distribuido por Keen Sight Books. Todas las otras marcas mencionadas son propiedad de sus respectivos dueños.

Excepto donde se indique, todos los textos bíblicos han sido extraidos de la versión Reina-Valera 1960. © 1960 Sociedades Bíblicas en América Latina; © renovado 1988 Sociedades Bíblicas Unidas. Reina-Valera 1960™ es una marca registrada de la American Bible Society.

Keen Sight Books

Puede encontrarnos en la red en: www.KeenSightBooks.com
Reportar errores de imprenta a errata@keensightbooks.com

ISBN:978-1947193222

Printed in the U.S.A.

agradecimientos

A mi Dios, por todo. A mi esposa e hijos, quienes pacientemente me prestan de su tiempo para escribir. A mi equipo por su ardua labor en todo trabajo literario. A mi madre por su ayuda en las correcciones al manuscrito. A nuestros dos hermosos gatos que fielmente me acompañan mientras escribo.

dedicación

Este humilde volumen es dedicado a todos aquellos que han sido engañados, heridos y manipulados por los falsos ministros que hoy usurpan los púlpitos de nuestra América.

Es mi oración que el Señor sane toda herida y restaure su gozo y comunión. Que le dirija a una congregación sana y digna de usted.

contenido

Introducción 9
1- Religión y manipulación, una historia desagradable 11
2- En nuestros días 15
3- ¿Existe el oficio de apóstol en la Biblia? 17
4- ¿Por qué el interés por el oficio? 25
5- ¿Quién determina quién es apóstol? 31
6- El deseo de ser servidos 35
7- La continuidad del oficio de apóstol 39
8- La cobertura: Otro método de manipulación 47
9- El diezmo de diezmos 55
Notas 61
Lista de Guerras Religiosas 64

Trasfondo 70
Otros libros por JA Pérez 73

INTRODUCCIÓN

Cada día me sorprendo más por la cantidad de personas que se autotitulan apóstoles, profetas, obispos, etc...

Esto es más evidente con el auge de las redes sociales. En facebook solamente, si usted va a la máquina de búsqueda e inserta la palabra "apóstol" le aparecerán cientos de resultados en la búsqueda.

Otro término popular hoy en día en círculos evangélicos es la palabra "cobertura" que significa estar debajo de la autoridad de alguien. En el caso de iglesia sería estar debajo del gobierno de una denominación, y en los más recientes años "estar bajo la cobertura de un apóstol".

Estos apóstoles u organizaciones que ofrecen cobertura tienden en su gran mayoría a exigir lo que ellos llaman "el diezmo de diezmos", que significa la décima parte del dinero que les entra a los ministros o iglesias sometidas a su régimen o que también se podrían llamar sus "súbditos[1]".

Esto no se detiene ahí. En ocasiones la exigencias

en cuanto a sometimiento van más allá. Los llamados a pruebas de lealtad y el sujetarse a la órdenes sin cuestionar la autoridad "apostólica" nos lleva a un tipo de régimen supuestamente teocrático[2] pero con matices dictatoriales que se asemejan más a las monarquías[3] antiguo-testamentarias que al gobierno de la iglesia nuevo-testamentaria en la cual vemos que el ejemplo de Pablo nos enseña algo muy diferente.

En este libro tocaré en detalles la manera en que los títulos, las jerarquías, los métodos, y el torcimiento de conceptos que fueron escritos bajo otra luz y para otros usos han sido tergiversados y manejados en el intento de ejercer manipulación y control.

Hablaré de los oficios de ministerio, sus asignaciones y propósitos, los abusos, la imposición de ataduras financieras y emocionales sobre los santos, e intentaré ofrecer una salida, un entendimiento, de manera que los santos no sean ya poseídos por líderes llenos de religiosidad y con falta de verdaderas virtudes las cuales solo Cristo puede otorgar.

CAPÍTULO 1

RELIGIÓN Y MANIPULACIÓN, UNA HISTORIA DESAGRADABLE

La historia está llena de abusos por parte de la religión. Guerras se han peleado (y se siguen peleando) en el nombre de la religión, sí, aun la "religión cristiana". También grandes persecuciones en el nombre de La Iglesia.

LAS INQUISICIONES

Conocemos la historia de las inquisiciones. Todo aquél que no se sometía a cierto credo era llevado a la hoguera.

Solamente en España, el Tribunal del Santo Oficio que permaneció en vigor durante cerca de 350 años, se dice haber procesado a más de 340,592 víctimas desde los orígenes (1480) hasta 1815. De estos, 31,913 personas fueron quemadas efectivamente, 17,659 fueron quemadas en efigie, 291,021 fueron reconciliadas o condenadas a penas menores[4].

De esto existe un estudio detallado sobre 50,000 personas de las que fueron procesadas por ese tribunal, según el profesor de la Autónoma de Madrid Jaime Contreras[5].

Las inquisiciones vinieron a América al principio a través de tres tribunales: los de Lima y México fundados en 1569, y el de Cartagena de Indias, fundado en 1610[6].

Existen estadísticas de los efectos de la inquisición, en otros países de Europa, aunque hasta aquí solo detallo algo de lo que tiene que ver con nosotros los de habla hispana.

PERSECUCIÓN Y MUERTE

No solamente este tipo de inquisiciones venían de parte del catolicismo. La iglesia de Inglaterra (siendo la religión del estado) perseguía y condenaba a aquellos que se negaban a bautizar niños[7], estas persecuciones ocurrieron también en otros lugares de Europa.

En Alemania, por un edicto del Rey Fernando en 1527, la muerte fue prescrita como el castigo de quienes no bautizaban niños. El Emperador Carlos V ordenó a los suyos que les persiguieran y los mataran.

En 1529 en la Dieta de Espira, se ordenó que todos los cristianos que no bautizaban niños debían ser castigados con la muerte.

Aun los reformadores persiguieron a otros cristianos

En Hamburgo en 1536 una Dieta compuesta de reformadores de Alemania y sus secuaces tanto en la Iglesia como en el Estado. Lutero y Melancthon estuvieron presentes. Ese cuerpo sancionó el castigo capital como el que las autoridades civiles deberían emplear para los Anabaptistas (que se negaban a bautizar niños).

GUERRAS POR CONTROL

Luego tenemos la historia de las guerras santas. Guerras que se hacen por motivos religiosos, y que con frecuencia supone una recompensa espiritual para quienes participan o mueren en ella[8].

El neurocientífico y activista ateo Sam Harris, en su libro "El fin de la fe", muy vendido en 2004, afirmaba que "la fe y la religión son la fuente más prolífica de violencia en la historia"[9].

La contundente "Encyclopedia of Wars", de 2004, de Charles Phillips y Alan Axelrod, ofrece una lista completa de todas las guerras que se conocen en la humanidad: 1,763. Ellos mismos seleccionan las que consideran guerras de naturaleza religiosa: hay 123, es decir, aproximadamente 7%[10].

Todas estas guerras históricas comparten un común denominador: Control. La sed de poder.

En nuestros días este espíritu se disfraza pero es el mismo. Los religiosos quieren control.

(Ver al final del libro para una lista detallada de todas las guerras religiosas).

CAPÍTULO 2

EN NUESTROS DÍAS

Comencé este libro hablando de apóstoles, cobertura y diezmo de diezmos, lidiando con algunos de los aparatos de manipulación que son usados en nuestros días por los religiosos modernos. Sin embargo, era necesario ir a la historia para establecer que manipulación y control han sido la columna vertebral del sistema religioso.

Hoy en día no hay inquisiciones como en la edad media, en lugar de quemar a los oponentes, esto ha sido cambiado por una estrategia más ecuménica o de pluralismo, con la falsa idea de que "todos los caminos llevan a Dios", lo cual va preparando la antesala para una unificación mundial que al final es motivada también por lo mismo... manipulación y control.

Otras manifestaciones de manipulación y control que han tomado forma en corrientes populares dentro del mundo evangélico son las de apóstoles, profetas, obispos, cobertura y diezmos de diezmos.

Entonces, ahora sí, regresando a lo que mencioné al principio del capítulo, las tocaré una por una.

APÓSTOLES, PROFETAS, OBISPOS...

Como dije al principio del capítulo, cada día me sorprendo más por la cantidad de personas que se autotitulan apóstoles, profetas, obispos, etc...

Esto es más evidente con el auge de las redes sociales. En facebook solamente, si usted va a la máquina de búsqueda e inserta la palabra "apóstol" le aparecerán cientos de resultados en la búsqueda.

Esto ha llevado a una crisis donde las audiencias son cautivadas por autoproclamados ministros que solo exhiben su ignorancia y desconocimiento en cuanto a cómo usar correctamente la palabra de verdad. Ministros, pero no competentes.

Pero vamos por pasos.

CAPÍTULO 3

¿EXISTE EL OFICIO DE APÓSTOL EN LA BIBLIA?

Sí claro. El Señor llamó a 12 apóstoles.

> *Y cuando era de día, llamó a sus discípulos, y **escogió a doce** de ellos, a los cuales también llamó apóstoles... Lucas 6:13*

Luego cuando Judas se ahorcó, Matías tomó su lugar.

> *Y les echaron suertes, y la suerte cayó sobre Matías; y fue contado con los once apóstoles. Hechos 1:26*

A estos apóstoles, Jesús entregó la comisión de *establecer el fundamento* de la Iglesia.

Note que Iglesia no es sinónimo de religión. La

Iglesia es el cuerpo de Cristo, un organismo viviente (no organización). Este organismo está formado por todos los creyentes seguidores de Jesús. En el libro: *Jesús sin religión*, en el capítulo titulado "Iglesia no es religión" señalo las diferencias entre Iglesia y religión.

Como dije, a estos doce apóstoles Jesús les dio una comisión muy específica que era especial para, y limitada a, estos doce hombres. *Establecer el fundamento* de Su Iglesia.

Esto dice Pablo:

> *edificados sobre **el fundamento** de los apóstoles y profetas, siendo la principal piedra del ángulo Jesucristo mismo... Efesios 2:20*

Estos apóstoles formaban un grupo muy especial y muy limitado... solamente doce. Al morir estos, ya todo el fundamento de la Iglesia habría quedado establecido.

A este grupo de doce apóstoles, la Biblia llama:

1- Apóstoles del cordero

> *Y el muro de la ciudad tenía **doce cimientos**, y sobre ellos los doce nombres de los doce apóstoles del Cordero... Apocalipsis 21:14*

Note que el número está limitado doce nombres.

2- Apóstoles de nuestro Señor Jesucristo

> *Pero vosotros, amados, tened memoria de las palabras que antes fueron dichas*

> *por los apóstoles de nuestro Señor Jesucristo... Judas 1:17*

Las calificaciones para ser parte de este grupo de 12 apóstoles eran las siguientes:

1- Tenía que haber estado juntos con el grupo original de apóstoles todo el tiempo desde el bautismo de Juan hasta que el Señor fue levantado. En otras palabras, tenía que haber sido un discípulo original.

> *Es necesario, pues, que de estos hombres que han estado juntos con nosotros **todo el tiempo** que el Señor Jesús entraba y salía entre nosotros, comenzando desde el bautismo de Juan hasta el día en que de entre nosotros fue recibido arriba... Hch 1:21,22*

2- Tenía que haber sido testigo de su resurrección.

> *uno sea hecho **testigo** con nosotros, de su resurrección... Hch 1:22b*

A este grupo de doce, Pedro llamó *"ministerio y apostolado"*.

> *para que tome la parte de este **ministerio y apostolado**, de que cayó Judas por transgresión, para irse a su propio lugar. Hch 1:25*

Es decir, que ni aun Pablo calificaba para ser miembro de los doce.

A ese grupo, a ese *"apostolado"*, es a lo que Pablo más adelante llamó: *"El apostolado de la circuncisión"*

(Gálatas 2:8), que ni aun Pablo calificaba para ser miembro.

Claro que el Señor tenía preparado para Pablo otro apostolado diferente, con diferente enfoque y diferente comisión. El apostolado para la incircuncisión.

> *Antes por el contrario, como vieron que me había sido encomendado el evangelio de la incircuncisión, como a Pedro el de la circuncisión (pues el que actuó en Pedro para **el apostolado de la circuncisión**, actuó también **en mí** para con los gentiles)... Gálatas 2:7,8*

Note que este apostolado comprendía a una sola persona (Pablo dice: *"me había sido dado"*, que quiere decir, una sola persona en singular).

Entonces, ¿cuantos apostolados fueron establecidos por el Señor?

DOS APOSTOLADOS

1- El apostolado para la circuncisión (quiere decir: para los judíos), limitado a 12 apóstoles.

2- El apostolado para la incircuncisión (quiere decir: para los gentiles, o el resto del mundo), limitado a una sola persona, Pablo.

Note la referencia en singular que el mismo Pablo usa en estos textos.

> *y reconociendo la gracia que **me** había sido dada Gal 2:9*

*el evangelio que **predico** entre los gentiles. Gal 2:2*

*el evangelio anunciado **por mí**, Gal 1:11*

A Pablo le fue encomendado poner "el fundamento" entre los gentiles, de la misma manera que a los doce entre los judíos.

Es decir: Doce apóstoles para una nación y un apóstol para todas las otras naciones.

Pablo estableció el fundamento en la Iglesia gentil.

*Conforme a la gracia de Dios que me ha sido dada, **yo** como perito arquitecto **puse el fundamento** 1 Cor 3:10*

¿Hubieron más apóstoles poniendo fundamento después de Pablo?

No. Pablo es el último.

*y al **último** de todos, como a un abortivo, me apareció a mí. Porque yo soy el más pequeño de los apóstoles, que no soy digno de ser llamado apóstol, porque perseguí a la iglesia de Dios. Pero por la gracia de Dios soy lo que soy; y su gracia no ha sido en vano para conmigo, antes he trabajado más que todos ellos; pero no yo, sino la gracia de Dios conmigo. 1 Cor 15:8-10*

Pablo nunca dijo *"pusimos el fundamento"*, por el contrario, él dijo: *"puse el fundamento"*, en singular, es decir, una sola persona.

Ya no hay nadie poniendo fundamento. El fundamento está completo, está escrito, y es la palabra que hemos recibido.

Para nosotros los gentiles, Pablo es el apostolado, y él lo recibió directamente de Jesucristo.

> *y por quien recibimos la gracia y el **apostolado**, para la obediencia a la fe en todas las naciones por amor de su nombre Rom 1:5*

Pablo le llama: *"mi apostolado"*.

> *Si para otros no soy apóstol, para vosotros ciertamente lo soy; porque el sello de **mi apostolado** sois vosotros en el Señor. 1 Cor 9:2*

NADIE ESTÁ HOY PONIENDO FUNDAMENTO

El oficio de apóstol, en lo que concierne a la comisión de establecer el fundamento de la Iglesia, evidentemente fue limitado a este grupo mencionado antes, comprendido en dos apostolados, uno para la circuncisión y otro para la incircuncisión. La Bíblia ya está completa, no se le puede añadir nada, la doctrina cristiana está toda escrita. El canon está cerrado.

Pongamos un ejemplo.

Cuando usted va a edificar una casa, ¿cuantas veces pone el fundamento?

Una sola vez, ¿cierto?

Luego vienen otros edificadores y edifican encima de ese fundamento, pero el fundamento ya está puesto. No hay necesidad de ponerlo otra vez.

Pablo dice: "**yo** como perito arquitecto **puse el fundamento**... 1 Cor 3:10".

Luego dice (en ese mismo texto): "...y otro edifica encima...". Note la palabra "otro".

Es decir, que en este edificio que es la Iglesia, unos tuvieron una labor y otros otra labor.

Unos pusieron el fundamento, otros *sobreedifican (1Cor 3:10)*. Ya no hay nadie poniendo fundamento. Ese trabajo fue completado.

Entonces, la pregunta es: ¿Hay algún otro tipo de apóstoles, para hoy en día, o lo que es decir la era desde que se cerró el canon?

Esto lo estudiaremos más adelante, pero antes, quiero hablar sobre el interés que existe hoy en día por portar el título.

CAPÍTULO 4

¿POR QUÉ EL INTERÉS POR EL OFICIO?

Uno de los errores que podemos fácilmente cometer cuando tratamos de combatir un abuso es irnos al otro extremo.

Por ejemplo.

Ha habido mucho abuso y mal uso en el área de los dones del Espíritu. Muchas falsas profecías personales y sueños con interpretaciones, etc... entonces, para combatir estos errores, algunos amados predicadores, quizá con buena intención *(no es mi lugar juzgar las intenciones),* se van al otro extremo, llegando a decir que los dones de Espíritu ya caducaron.

Han habido muchos abusos con las enseñanzas del hoy en día llamado *"evangelio de la prosperidad"*.

También algunos amados ministros, se han ido al

otro extremo, llegando a decir que Dios no prospera.

Ese es el error que no quiero cometer en este libro.

Por el hecho de que muchos usan el título de apóstol como instrumento de manipulación, no vamos ahora a eliminar el oficio solo usando esa excusa.

El mal uso de un título no es suficiente causa para removerlo, de la misma manera que no podemos remover el título de pastor solo porque hay personas que abusan ese título.

Hoy en día existen falsos pastores, falsos maestros, falsos evangelistas, falsos hermanos... sin embargo también existen verdaderos pastores, maestros, evangelistas y hermanos sinceros que aman a Cristo y quieren hacer su voluntad.

De hecho, yo creo que los falsos son un número muy pequeño comparado con la gran mayoría de los ministros y hermanos que formamos el cuerpo de Cristo, una Iglesia triunfante, poderosa que comparte las buenas noticias y espera con anhelo su venida.

Dos detalles que quisiera aclarar a ambos campos.

1- Para los que sostienen que el oficio de apóstol caducó completamente:

No quiero cometer el error de irme al extremo y radicalmente cortar todo argumento antes de estudiarlo.

Más bien quiero entender bien su aplicación y lugar dentro del proceso de desarrollo de la Iglesia en lo que corresponde a la plantación del fundamento de la doctrina cristiana y lo que sucede después que ya el fundamento ha sido puesto, a lo que pudiéramos llamar: sucesión.

2- Para los que sostienen la continuidad del oficio de apóstol, digo esto:

No quiero que el lector tome la idea equivocada y piense que quiero eliminar algo histórico.

Otra vez. Quiero entender bien su aplicación y lugar dentro del proceso de desarrollo de la Iglesia en lo que corresponde a la plantación del fundamento de la doctrina cristiana y lo que sucede después que ya el fundamento ha sido puesto, a lo que pudiéramos llamar: sucesión.

En otras palabras, estoy aplicando el mismo principio de interpretación a ambas escuelas, completamente separado de las influencias de indoctrinación de ambos campos.

Por eso tomé tiempo en hablar de los dos apostolados, y todos los que estamos dentro de las columnas de la ortodoxia coincidimos en esto, lo cual es respaldado por la escritura y la historia, y si algo está en debate es el asunto de la continuidad del oficio. Y creo que gente sincera existe en ambos lados del debate, a quienes amamos, y no dudamos de su sinceridad.

Sin embargo, el interés de ser nombrados apóstoles que existe hoy en día en muchos es verdaderamente fuera de proporción.

Y, ¿por qué ese interés?

Porque es un oficio importante que refleja autoridad, y quienes aman manipulación y control no perderán la oportunidad de abusarlo por noble que fuera.

FIGURAS CON TRASCENDENCIA APOSTÓLICA

En la historia del cristianismo encontramos la magnitud con que siervos de Dios moldearon el pensamiento y aportaron al crecimiento de la Iglesia.

Juan Wesley, Jorge Whitefield, Juan Hus, Carlos Spurgeon y muchos otros. Pero ninguno de estos hombres se autodenominó apóstol. Por el contrario, exaltaban la grandeza de Cristo y laboraron en humildad, nunca trayendo atención a ellos.

Rechazaban títulos, nunca se autoproclamaron jerarcas, no se pusieron por encima del pueblo de Dios, sino que sirvieron a los santos con temor, reverencia y respeto.

¿POR QUÉ EL DELIRIO DE TÍTULOS HOY EN DÍA?

En cierta forma, la palabra apóstol viene del término griego: *apostolos*, que significa *"enviado"* o *"mensajero"* entre otros términos.

En ese sentido, cualquier misionero (que es un enviado) cumpliría con el significado de la palabra, pero ese no es el tono o significado que usan los autotitulados *"apóstoles"* hoy en día.

Hoy en día la connotación es de grandeza, autoridad, jerarquía y poder.

Note que la palabra aparece 89 veces en el N.T., sin embargo sus distintos significados difieren de unos a otros.

Me es curioso que hoy en día nadie usa el título de *"mensajero"* delante de su nombre.

Prefieren el título de apóstol, lo cual automáticamente les da ventaja, autoridad y control sobre otros.

VERDADEROS TÍTULOS

Cuando hablo de títulos debo aclarar algo sobre la generalidad y el uso.

Estoy siendo específico y me refiero al delirio de los manipuladores que usan el título de apóstol y profeta, sin embargo no estoy generalizando ni estoy diciendo que todo el que usa un título está dentro de esta categoría.

Por ejemplo.

Algunos de estos apótoles modernos argumentan que si un doctor o un dentista usan el título antes de su nombre, ellos entonces tienen el mismo derecho.

A mi me han dicho: *"Pero usted usa el título de 'doctor'"*. Permítame explicar.

Para empezar, yo no uso el título de "doctor" casualmente, solo cuando el protocolo lo merita, sea por ejemplo en trabajo de investigación académica, cuestiones biográficas, o en un panel donde experiencia y credenciales deben ser establecidas.

Y sí, hay personas que usan su título de "doctor" todo el tiempo, pero hay diferencias muy grandes.

1- Un "doctor" se ha esforzado por muchos años para completar una carrera. Ha pasado exámenes, presentado tésis, y cumplido con todos los requisitos de la institución educativa de donde se ha recibido. Existen constancias y trayectoria que hablan por sí mismas.

2- El título de "doctor" es otorgado por una facultad de eruditos de una universidad con autoridad y reputación.

¿Quién otorga el título de apóstol?

Eso lo veremos en el próximo capítulo.

CAPÍTULO 5

¿QUIÉN DETERMINA QUIÉN ES APÓSTOL?

Es interesante.

Yo había terminado de predicar un evento en una hermosa ciudad de Venezuela hace años y al salir del auditorium, un hermano en Cristo que era coordinador me dijo: *"Hermano Pérez, el apóstol 'fulano' le va a llevar al hotel"*.

"¡Qué privilegio!" dije yo. *"Ser transportado por un apóstol, debe ser un gran privilegio"*.

En unos instantes apareció un taxi, y el chofer, resulta que era el mencionado "apóstol".

Ya dentro del vehículo le pregunté dónde pastoreaba, o qué trabajo desempeñaba en la obra del Señor.

Me dijo que no pastoreaba, jamás había pastoreado,

ni había ejercido en ningún ministerio.

Entonces le pregunté: *¿Cómo sabe entonces que es apóstol?*.

El me respondió: *"El profeta 'fulano de tal' me profetizó y me ungió como apóstol"*.

En el momento le dije: *"Ni ese tal es profeta, ni usted es apóstol, pero ser chofer de un taxi es un trabajo honrado"*.

Parece descabellada y hasta ridícula la idea, pero esto es algo que hoy en día se oye comúnmente.

Alguien viene con un pomo de aceite, supuestamente unge a otro neófito, y ya automáticamente este otro es apóstol.

Esto hace que ignorantes estén sobre los púlpitos, hablando disparates, saqueando, robando, manipulando, haciendo mercadería de los santos que por falta de entendimiento se someten a yugo y se dejan explotar.

> *Porque éstos son falsos apóstoles, obreros fraudulentos, que se disfrazan como apóstoles de Cristo. 2 Cor 11:13*

No solo el oficio de apóstol es codiciado en nuestros días. También el de profeta.

Se imagina. Alguien que dice hablar de parte de Dios.

Bien he visto la manipulación y el daño que falsamente se profetiza desde los púlpitos.

Amados, no creáis a todo espíritu, sino probad los espíritus si son de Dios; porque muchos falsos profetas han salido por el mundo. 1 Juan 4:1

CAPÍTULO 6

EL DESEO DE SER SERVIDOS

Mas Jesús, llamándolos, les dijo: Sabéis que los que son tenidos por gobernantes de las naciones se enseñorean de ellas, y sus grandes ejercen sobre ellas potestad. Pero no será así entre vosotros, sino que el que quiera hacerse grande entre vosotros será vuestro servidor...
Marcos 10:42-43

Verdaderamente, el servicio a Dios no consiste en dar órdenes, sentarnos en posición de autoridad para que otros nos sirvan.

El verdadero ministro de Cristo siempre se posiciona por debajo de los santos, no por encima.

A esto es lo que llamo servir debajo.

EL EJEMPLO DE PABLO

Aun Pablo, habiendo sido verdadero apóstol de Cristo, jamás impuso cargas o exigencias. No daba órdenes, más pedía las cosas sin poner presión, con amor, en humildad, como de favor.

> *Por tanto, tuve por necesario exhortar a los hermanos que fuesen primero a vosotros y preparasen primero vuestra generosidad antes prometida, para que esté lista como de generosidad, y **no como de exigencia** nuestra. 2 Cor 9:5*

Note la frase: "no como de exigencia".

> *No hablo como quien manda... 2 Cor 8:8*

> *Así que, hermanos, **os ruego** por las misericordias de Dios... Rom 12:1*

> *Pero **os ruego**, hermanos, por nuestro Señor Jesucristo y por el amor del Espíritu, que me ayudéis orando por mí a Dios Rom 15:30*

> *Mas **os ruego**, hermanos, que os fijéis en los que causan divisiones... Rom 16:17*

> ***Os ruego**, pues, hermanos, por el nombre de nuestro Señor Jesucristo, que habléis todos una misma cosa... 1 Cor 1:10*

> *Por tanto, **os ruego** que me imitéis. 1 Cor 4:16*

*pidiéndonos con muchos ruegos que les concediésemos **el privilegio de participar en este servicio** para los santos. 2 Cor 8:4*

*Yo Pablo **os ruego** por la mansedumbre y ternura de Cristo... 2 Cor 10:1*

*Yo pues, preso en el Señor, **os ruego** que andéis como es digno de la vocación con que fuisteis llamados Efesios 4:1*

Estos y otros textos más nos muestran el carácter de un verdadero ministro de Cristo.

La advertencia aquí, es para usted lector. Si un ministro viene exigiendo, obligando, amenazando, entonces ya usted sabe que el tal es manipulador.

Aléjese de los tales.

CAPÍTULO 7

LA CONTINUIDAD DEL OFICIO DE APÓSTOL

¿Y QUÉ PASÓ CON EFESIOS 4:11?

Por lo regular, casi todos los que hoy en día dicen ser apóstoles, usan este versículo aislándolo del resto de los versículos que le he mencionado antes, y leyéndolo aplicativamente solo al tiempo presente.

Leamos el texto.

> *Y él mismo constituyó a unos, apóstoles; a otros, profetas; a otros, evangelistas; a otros, pastores y maestros... Ef 4:11*

El razonamiento que ellos usan para obligar a que la función de apóstoles y profetas en este texto sea aplicable al presente está en los dos versos que siguen:

> *a fin de perfeccionar a los santos para la obra del ministerio, para la edificación del cuerpo de Cristo, hasta que todos lleguemos a la unidad de la fe y del conocimiento del Hijo de Dios, a un varón perfecto, a la medida de la estatura de la plenitud de Cristo Ef 4:12,13*

Lo razonan de esta manera. Dicen: "Los ministerios en esa lista son para perfeccionar a los santos, y los santos todavía no están perfeccionados, entonces mientras los santos no estén perfeccionados se necesitan apóstoles", o: "todavía no hemos llegado a la unidad, entonces hasta que lleguemos a la unidad necesitaremos apóstoles".

Ese razonamiento es inválido por obvias razones.

DIOS MENCIONA LOS MINISTERIOS QUE HAN OPERADO EN EL TRANSCURSO Y DURANTE LA EDAD DE LA IGLESIA

Efesios 4:11 nos dice, cuáles ministerios Dios ha usado en el proceso (1) de fundación y (2) de perfeccionamiento (o desarrollo) de los santos.

Es decir, Dios menciona los ministerios que han operado en el transcurso y durante la edad de la Iglesia por etapas.

Han existido un número de ministerios durante las diferentes etapas de la edad de la Iglesia, unos ministerios tenían la tarea de establecer el fundamento, ya establecido ese fundamento, otros tipos de ministerios tuvieron la labor de dar continuidad.

Pablo dijo: *"yo como perito arquitecto **puse el fundamento**, y **otro edifica** encima 1 Cor 3:10".*

En ningún momento establece que ambas funciones estén operando al mismo tiempo.

Dos de los ministerios mencionados en esta lista tuvieron el trabajo de establecer el fundamento y esto es confirmado por Efesios 2:20 que dice: *"edificados sobre el fundamento de los apóstoles y profetas".*

El resto de los ministerios en esta lista, es decir: *"evangelistas, pastores y maestros"*, no son mencionados en Efesios 2:20, pues no son ministerios de fundación.

¿Cuál es el trabajo de estos tres ministerios?

Estos están encargados de *"perfeccionar a los santos para la obra del ministerio..."*, edificando sobre el fundamento que ya fue puesto por los apóstoles y profetas.

Es decir, que esta lista de ministerios nos da una visión global, o redondeada de toda la comisión de estos ministerios.

A unos les fue encomendado poner el fundamento y a otros edificar encima, o lo que quiere decir: continuidad.

Apóstoles y profetas pusieron el fundamento, y evangelistas, pastores y maestros son los que perfeccionarán a los santos, traerán crecimiento, etc...

Ellos dirán: *"Pero los ministerios de apóstol y profeta están en la misma lista que evangelistas, pastores y maestros".*

Sí. Exactamente. Pero evangelistas, pastores

y maestros no están en la lista de ministerios de fundación. Estos son ministerios de continuidad.

Los apóstoles y profetas hicieron un buen trabajo.

Evangelistas, pastores y maestros, ancianos, diáconos, administradores, los que ayudan, y todos los otros ministerios que Pablo menciona en otros lugares tienen la labor de "sobreedificar".

HASTA QUE TODOS LLEGUEMOS A LA UNIDAD DE LA FE

Otro de los razonamientos que los *"apóstoles modernos"* usan para defender la relevancia actual de ese oficio es que todavía no hemos llegado *"a la unidad de la fe"* y mientras esto no suceda, ellos son necesarios.

Le hago una pregunta: ¿Cuánta unidad han logrado los apóstoles modernos?

Por el contrario. Pura disensión, conflicto, divisiones y confusión es lo que traen, y les explicaré por qué más adelante, pero primero permítame decirle algo.

Evangelistas, pastores y maestros están equipados para llevar a cabo la labor de edificar sobre el fundamento que ya está puesto.

Los evangelistas tienen el don de ministerio necesario para alcanzar a los perdidos. Los pastores, tienen el don necesario para cuidar al rebaño, y los maestros, tienen el don de la enseñanza que es la que trae el crecimiento espiritual.

Tuve hace muchos años un maestro que decía que

"pastores y maestros" son dos dones de ministerio que vienen juntos. Es decir, todo pastor debe estar equipado para enseñar.

Muy interesante esa afirmación, aunque también existen evangelistas que pueden enseñar, y hay maestros que no pastoréan y están dedicados solamente a la enseñanza.

Los ministerios de continuidad tienen una tarea importante en el día presente en cuanto a lograr más unidad y crecimiento entre los santos.

> *...sed de un mismo sentir, y vivid en paz; y el Dios de paz y de amor estará con vosotros. 2 Cor 13:11*
>
> *un cuerpo, y un Espíritu, como fuisteis también llamados en una misma esperanza de vuestra vocación; un Señor, una fe, un bautismo, un Dios y Padre de todos, el cual es sobre todos, y por todos, y en todos. Ef 4:4-6*

EN EL CONTEXTO DEL AMOR

Quiero estar seguro que usted entienda el espíritu con que he escrito esto. No ha sido mi interés probar que estoy en lo correcto y usted está equivocado. No busco ganar algún debate.

Mi interés es que en espíritu de humildad meditemos sobre lo expuesto, lo pongamos en oración y permitamos que el Señor nos confirme el espíritu del texto.

Tengo amigos que usan el título de apóstol. Mi

intención no es avergonzarlos ni atacarlos. Yo sé que hay muchos hermanos que son sinceros en lo que creen y de alguna manera han sentido la necesidad de usar el título, sus intenciones pueden ser nobles aunque la teología no sea sólida. Sin embargo, la manera desmedida en que neófitos y manipuladores usan el título para controlar y someter a otros es algo preocupante.

Por lo que reto a quienes yo se que son de corazón genuino a que nos humillemos juntos, y abandonemos los títulos por amor a la labor más grande, que es representar correctamente a Jesucristo, Apóstol y sumo sacerdote de nuestra profesión.

> *Por tanto, hermanos santos, participantes del llamamiento celestial, considerad al apóstol y sumo sacerdote de nuestra profesión, Cristo Jesús... Hebreos 3:1*

CARÁCTER Y ESTATURA APOSTÓLICA

¿Existen ministros con tal estatura que pudieran ser considerados como apóstoles por cuestiones de gobierno y orden?

Verdaderamente, existen hoy en día ministros que han exhibido gran capacidad de gobierno, administración y liderazgo en el cuerpo de Cristo.

Algunos han plantado una buena cantidad de iglesias, otros han sobresalido en el trabajo de evangelismo global.

Como *"enviados"*, se pudiera decir que exhiben una estatura apostólica. Sin embargo, una característica común en estos hombres de Dios es que rechazan los títulos y la atención, y Dios se glorifica en esto. Vea la historia de los grandes misioneros, reformadores, y predicadores. Nunca atrajeron la atención a sí mismos.

CAPÍTULO 8

LA COBERTURA: OTRO MÉTODO DE MANIPULACIÓN

SOMETIMIENTO BÍBLICO VERSUS SUMISIÓN HUMANA

Hay una diferencia muy grande entre sometimiento Biblico y la sumisión que exigen las instituciones religiosas o grupos en el nombre de la *"cobertura"*.

Veamos primero la definición de sumisión.

Sumisión se refiere a la actitud que toman los individuos que se someten a la autoridad o voluntad de otras personas sin hacer cuestionamientos.

La palabra sumisión se origina del latín *submissio*, que significa "sometimiento". Entre los sinónimos que se pueden emplear para referirse a sumisión están *sometimiento, acatamiento, rendición, dócil* y *obediencia*.

Las personas sumisas toman una postura de subordinación y acatan todas las órdenes que les dan sin hacer reproches o quejas, aun cuando están en desacuerdo con lo que deben hacer, esto puede ser porque se sienten amenazados o inferiores a los demás[11].

SOMETIMIENTO BÍBLICO

Sometimiento Bíblico nos enseña a la obediencia que como hijos de Dios le debemos a su palabra escrita. Sí nuestro pastor o anciano es alguien que presenta sanamente las enseñanzas Bíblicas, sirve a los santos y ha probado consistentemente que no busca lo suyo, sino lo que es de Cristo, entonces, con cuidado, nos sometemos a su enseñanza.

Cuando la palabra habla de someternos a nuestros pastores o a la autoridad humana, está hablando de respeto y orden. No dice que tengamos que someternos a los caprichos dictatoriales de alguien que abusa el poder.

> *Obedeced a vuestros pastores, y sujetaos a ellos; porque ellos velan por vuestras almas, como quienes han de dar cuenta; para que lo hagan con alegría, y no quejándose, porque esto no os es provechoso. Hebreos 13:17*

> *Por causa del Señor someteos a toda institución humana, ya sea al rey, como a superior... 1 Pedro 2:13*

Si alguien vela por tu alma, si alguien te cuida y te protege, como en el caso de un policía o alguien que cuida el orden público, le debes respeto. Esto es Bíblico.

Pero este no es el tipo de sometimiento que exigen los apóstoles modernos. Ellos toman control de tu vida, lo que haces y lo que no haces. Con culpabilidad y torcida psicología manipulan tu vida y aun tus finanzas, mal usando y entresacando textos Bíblicos fuera de contexto y con mala interpretación.

SOMETIMIENTO A DIOS

Someteos, pues, a Dios... Santiago 4:7

Santiago habla de someternos a Dios. En este sentido, rendimos nuestra voluntad a Dios, porque dependemos de Él, pues Él nos creó, es sabio y tiene mejor juicio que nosotros.

Matthew Henry dice sobre ese texto: *"...someter sus voluntades a la voluntad de su mandato, la voluntad de su providencia. Someteos a Dios, porque él está dispuesto a hacer el bien*[12].

UNOS A OTROS

Someteos unos a otros en el temor de Dios. Efesios 5:21

En el contexto, Pablo habla de sometimiento mutuo entre relaciones. Las casadas a sus maridos de la manera que los maridos deben amar a sus mujeres (Ef 5:22,25).

En la traducción NTV el versículo 21 dice: *"sométanse unos a otros por reverencia a Cristo".*

Note que el texto dice "por reverencia a Cristo".

En otras palabras, este sometimiento mutuo es uno donde unos dependemos del juicio y consejo de otros de manera que podamos crecer juntos unidos por las coyunturas, siendo Cristo la causa y el centro de dicho sometimiento.

> *de quien todo el cuerpo, bien concertado y unido entre sí por todas las coyunturas que se ayudan mutuamente, según la actividad propia de cada miembro, recibe su crecimiento para ir edificándose en amor. Efesios 4:16*

Cuando practicamos el sometimiento entre creyentes unos a otros, no existe la idea de que uno sea superior a otro o que esté por encima del otro.

Este sometimiento es mutuo.

Aun cuando el texto habla de las esposas, no está diciendo que estén por debajo o sean de un grado menor.

Ya el Señor nos dice por medio de Pablo que delante del Señor todos tenemos la misma importancia.

> *Ya no hay judío ni griego; no hay esclavo ni libre; no hay varón ni mujer; porque todos vosotros sois uno en Cristo Jesús. Gálatas 3:28*

Entonces, sometimiento Biblico no es una cuestión de jerarquías, sino de amor y edificación.

GOBIERNO DE ANCIANOS

Los ancianos que gobiernan bien, sean tenidos por dignos de doble honor, mayormente los que trabajan en predicar y enseñar. 1 Timoteo 5:17

Por eso Pablo estableció un tipo de gobierno en las iglesias gentiles donde no hay espacio para el culto a la persona.

Tampoco puede venir una persona y enseñorearse de varias congregaciones.

En el modelo Paulino, cada congregación es autónoma. Es gobernada por un cuerpo de ancianos. No están sometidas a un gobierno de patriarcado.

La iglesia local debe ser autónoma, libre de cualquier autoridad o control externo, con derecho al autogobierno y libre de la interferencia de cualquier jerarquía de individuos u organizaciones (Tito 1:5).

Por esta causa te dejé en Creta, para que corrigieses lo deficiente, y establecieses ancianos en cada ciudad, así como yo te mandé... Tito 1:5

LAS VENTAJAS DEL GOBIERNO DE LOS ANCIANOS

El Nuevo Testamento, menciona varias veces a ancianos que asumían el papel de liderazgo en la iglesia (Hechos 14:23; 15:2; 20:17; Tito 1:5; Santiago 5:14) y aparentemente cada iglesia tenía más de uno, porque generalmente la palabra se encuentra en plural.

Cuando el gobierno es repartido entre varios, también se reparten las responsabilidades, las pruebas, y las persecuciones.

Es mejor ser perseguido en grupo que ser perseguido solo.

Hay más protección cuando se trabaja en equipo que cuando toda la responsabilidad está sobre una sola persona.

El Dr. Zodhiates, en su "Diccionario Completo del Estudio de la Palabra: Nuevo Testamento" (The Complete Word Study Dictionary: New Testament) define a este grupo de ancianos como sigue:

> *"Los ancianos de las iglesias cristianas, presbíteros, son a quienes estaba encomendada la dirección y gobierno de las iglesias individuales, igual que episkopos, supervisores y obispos (Hechos 11:30; 1 Timoteo 5:17)".*

De esta manera, Zodhiates iguala a un "anciano" con un supervisor u obispo (como se traduce episkopos).

Importante: Sí. Debe haber una cabeza, un líder que establece la visión y rumbo de una organización, pero este debe estar rodeado de sabios.

> *Donde no hay dirección sabia, caerá el pueblo; Mas en la multitud de consejeros hay seguridad. Proverbios 11:14*

Los pensamientos son frustrados donde no hay consejo; Mas en la multitud de consejeros se afirman. Proverbios 15:22

Porque con ingenio harás la guerra, Y en la multitud de consejeros está la victoria. Proverbios 24:6

Tres promesas de trabajar en equipo: Seguridad, firmeza y victoria.

Entonces para resumir.

Amado pastor. Usted no tiene que buscar cobertura fuera de la congregación local. Con el gobierno de autoridad compartida entre los ancianos locales, es suficiente.

CAPÍTULO 9

EL DIEZMO DE DIEZMOS

El diezmo del diezmo es una práctica ligada a "la cobertura" de la que escribí anteriormente.

Trabaja de esta forma.

Supongamos que tu eres pastor de una congregación.

Un supuesto "apóstol" o una denominación o grupo a cambio de darte la tal cobertura (prometiendo algún tipo de protección espiritual) te exige a cambio que le envíes regularmente la décima parte de todo el dinero que entra a tu congregación local. Es decir, tu iglesia local recoge el diezmo y de ese diezmo envía la décima parte al "apóstol" o grupo que da cobertura a tu iglesia local.

Esta es una práctica común. Mientras más iglesias dicho "apóstol" logra someter bajo su "cobertura" más serán sus entradas financieras, pero, ¿es bíblica esta práctica?

Absolutamente no.

Sí entendemos para empezar que la tal "cobertura" tampoco es bíblica, nos ahorraríamos hablar de esta práctica, sin embargo, es necesario que la mencione pues es una de las razones por las cuales la tal "cobertura" no es bíblica.

La práctica de diezmo de diezmos no aparece ni una sola vez en el nuevo pacto.

Las personas que exigen diezmo de diezmos a sus sometidos, sólo pueden usar textos de prácticas que pertenecían a la ley (antiguo pacto).

Por ejemplo:

> *El Señor le ordenó a Moisés que les dijera a los levitas: «Cuando reciban de los israelitas los diezmos que les he dado a ustedes como herencia, ofrézcanme, como contribución, el diezmo de esos diezmos. Números 18:25-26*

Pero ya no estamos bajo la ley.

> *Porque el pecado no se enseñoreará de vosotros; pues no estáis bajo la ley, sino bajo la gracia. Rom 6:14*

Como dije antes, esta práctica no aparece ni una sola vez en el nuevo pacto.

Note que no estoy debatiendo aquí la práctica del diezmo personal. Ese es otro debate del cual escribo en otros libros. Aquí estamos tratando con el método que usan aquellos que practican la llamada "cobertura" para exigir la décima parte de las finanzas de sus súbditos.

Amado lector. No se deje engañar. Tanto la llamada "cobertura" como "el diezmo de diezmos" son prácticas de manipulación.

Estas son cargas impuestas por religiosos "fariseos modernos" que atan. Yugos de esclavitud.

Mire lo que dice Jesús al respecto.

> *Porque atan cargas pesadas y difíciles de llevar, y las ponen sobre los hombros de los hombres; pero ellos ni con un dedo quieren moverlas. Mateo 23:4*

PABLO JAMÁS EXIGIÓ DINERO NI SOMETIMIENTO DE LAS IGLESIA QUE PLANTÓ

Pablo fue un gran plantador de iglesias. Jamás sometió a las iglesias a un sistema de jerarquías y obligaciones.

Como dije antes, en el modelo Paulino, cada congregación es autónoma. Es gobernada por un cuerpo de ancianos. No están sometidas a un gobierno de patriarcado.

Como ya dije anteriormente, Pablo pedía las cosas como favor. No daba ordenes, no exigía nada.

Aquí le repito algunos textos, por favor copielos, y que sea este nuestro modelo de liderazgo.

> *Por tanto, tuve por necesario exhortar a los hermanos que fuesen primero a vosotros y preparasen primero vuestra generosidad antes prometida, para que esté lista como de generosidad, y **no como de exigencia** nuestra. 2 Cor 9:5*

Note la frase: "no como de exigencia".

> *No hablo como quien manda... 2 Cor 8:8*

> *Así que, hermanos, **os ruego** por las misericordias de Dios... Rom 12:1*

> *Pero **os ruego**, hermanos, por nuestro Señor Jesucristo y por el amor del Espíritu, que me ayudéis orando por mí a Dios Rom 15:30*

> *Mas **os ruego**, hermanos, que os fijéis en los que causan divisiones Rom 16:17*

> ***Os ruego**, pues, hermanos, por el nombre de nuestro Señor Jesucristo, que habléis todos una misma cosa... 1 Cor 1:10*

> *Por tanto, **os ruego** que me imitéis. 1 Cor 4:16*

> ***pidiéndonos** con muchos ruegos que les concediésemos el privilegio de participar en este servicio para los santos. 2 Cor 8:4*

> *Yo Pablo **os ruego** por la mansedumbre y ternura de Cristo... 2 Cor 10:1*

> *Yo pues, preso en el Señor, **os ruego** que andéis como es digno de la vocación con que fuisteis llamados Efesios 4:1*

Es mi oración que todo lo expuesto en este pequeño libro nos ayude a abandonar todo sistema religioso de manipulación, para ser libres, con la libertad que Cristo nos ha dado.

Amo a todos los lectores y en ese amor les ruego que regresemos a la sencillez que nos dejaron como ejemplo los verdaderos Apóstoles del Señor y sobre todo el ejemplo de humildad que nos dejó el mismo Señor Jesús. El Apóstol de nuestra fe.

Notas:

1- Súbdito. adj. Sujeto a la autoridad de un superior. También s.: tiene asegurada la obediencia de sus súbditos. https://www.wordreference.com/definicion/s%C3%BAbdito (captado 10-6-2019).

2- Teocrático adj. De la teocracia o relativo a esta forma de gobierno: gobierno teocrático. https://www.wordreference.com/definicion/teocr%C3%A1tico (captado 10-6-2019).
Gobierno teocrático. El Gobierno Teocrático o Teocracia es una forma de gobierno, que se parece mucho a las monarquías absolutistas, solo que, en vez de gobernar un rey o monarca, lo hace un miembro de la religión dominantes en dicho Estado. Ya que un Gobierno Teocrático o Teocracia, es un gobierno el cual basa sus leyes por los principios de la religión dominante de dicho país, donde además dicho gobierno suele afirmar que gobierna en nombre de la divinidad de su religión. https://www.jmsima.com/politica/195-%C2%BFque-es-un-gobierno-teocratico.html (captado 10-6-2019).

3- Monarquías. El término «monarquía» proviene del griego μονος mónos 'uno', y αρχειν arkhein: 'mandar, guiar, gobernar', interpretable como «gobierno de uno solo». A ese único gobernante se le denomina monarca o rey (del latín rex) aunque las denominaciones utilizadas para este cargo y su tratamiento protocolario varían según la tradición local, la religión o la estructura jurídica o territorial del gobierno. https://es.wikipedia.org/wiki/Monarqu%C3%ADa (captado 10-6-2019).

4- Dr. Pedro Reino Garcés. Historiador/Cronista Oficial de Ambato. Estadísticas sobre la inquisición.
http://ecuadoruniversitario.com/opinion/estadisticas-sobre-la-inquisicion/ (captado 10-6-2019).

5- Análisis de una estadística de 50.000 sentencias de la Inquisición.
El profesor de la Autónoma de Madrid Jaime Contreras expone su trabajo sobre los 50.000 procesos que revisó y cuantificó. Esta ponencia se presentó en el Simposio Internacional de Copenhague (Dinamarca) y el I Congreso Internacional que se celebró en Cuenca. El País.
https://elpais.com/diario/1978/11/01/cultura/278722801_850215.html (captado 10-6-2019).

6- Inquisición en América.
La Inquisición española desarrolló su actividad en los territorios españoles de América a través de tres tribunales: los de Lima y México fundados en 1569, y el de Cartagena de Indias, fundado en 1610. https://es.wikipedia.org/wiki/Inquisici%C3%B3n_en_Am%C3%A9rica (capturado 10-6-2019).

7. Mártires bautistas. Quienes se negaban a bautizar niños sufrieron no sólo la persecución de los Católicos sino también de los Protestantes, bajo Lutero, Calvino y Zuinglio donde quiera que éstos tenían autoridad.http://www.literaturabautista.com/martires-bautistas (captado 10-6-2019).

8- Guerra santa. La guerra santa es una guerra que se hace por motivos religiosos, y que con frecuencia supone una recompensa espiritual para quienes participan o mueren en ella. Las guerras de religión de Francia, las cruzadas y la yihad islámica suelen presentarse popularmente como ejemplos de guerra santa, aunque algunos especialistas no concuerdan plenamente con dichas identificaciones, o distinguen entre las expresiones «guerra sacralizada», «guerra santa» y «cruzada». https://es.wikipedia.org/wiki/Guerra_santa (capturado 10-6-2019).

9- ¿Cuántas guerras han tenido una causa religiosa? Pablo J. Ginés 17 abril 2018.
https://www.religionenlibertad.com/cultura/63679/cuantas-guerras-han-tenido-una-causa-religiosa-unas120-menos-del.html (capturado 10-6-2019).

10- Encyclopedia of Wars ISBN-13: 9780816028511
by Charles Phillips (Editor), Alan Axelrod ©2004 Book News, Inc., Portland, OR.

11- Significado de Sumisión. https://www.significados.com/sumision/ (capturado 11-12-2019).

12- Comentario de Matthew Henry [1706], traducido del Inglés.

Lista de Guerras Religiosas

Vamos a ver a continuación esas 123 "guerras religiosas" de Philips y Axelrod clasificadas en categorías.

Guerras religiosas entre cristianos ANTES del protestantismo (10)

Guerra Pauliciana (Imperio Bizantino greco-ortodoxo contra la secta herética pauliciana, s.IX).

Guerra Franco-Visigoda (año 507, Clodoveo, franco converso al catolicismo, vence a Alarico y sus visigodos arrianos).

Primera y Segunda Guerra de la Iconoclastia (s.VIII y IX, emperadores bizantinos anti-iconos contra cristianos veneradores de iconos).

Revuelta de Rávena (del año 727, contra los emperadores iconoclastas).

Cruzada albigense (s.XIII, cruzados católicos contra cátaros).

Guerra francesa-aragonesa de 1209-1213 (dentro de la guerra cátara y la expansión catalano-aragonesa hacia Occitania).

Guerra Civil Bohemia (1465-1471, herejes husitas contra católicos y luego entre ellos).

Guerra Civil alemana (1077-1106, conflicto entre el Papa y el Emperador, excomuniones, obispos guerreros...).

Guerras de la Liga Lombarda (en el siglo XII-XIII, el Papa apoyaba a las ciudades lombardas hostiles al Emperador germánico).

Guerras entre cristianos IMPLICANDO protestantes (33)

Guerra Anglo-escocesa de 1559-1560 (católicos contra protestantes).

Las 3 revueltas bearnesas (siglo XVI y XVII, católicos contra hugonotes).

La 1ª y 2ª Guerra de los Obispos (siglo XVI, presbiterianos contra anglicanos en Escocia; 500 muertos entre ambas)

Guerra Palatinado-Bohemia (1618–1620, husitas y otros protestantes contra católicos, inicio de la Guerra de los 30 años).

La Rebelión de los Descamisados (revueltas de protestantes "camisards" en el centro sur de Francia, de 1702 a 1715)

Guerra del Conde de Oldenburgo (guerra civil danesa, luego internacionalizada, de 1534-1536, protestantes contra católicos).

3 revueltas de los covenanters en Escocia (presbiterianos contra católicos en 1666, 1679 y 1685).

Guerra del Diezmo Irlandés (1831-1836, católicos irlandeses contra británicos anglicanos).

2 Guerras Kappel (católicos contra protestantes en Suiza, en 1529 y 1531).

Guerra Religiosa de Maryland (1689-1692; Maryland, única colonia inglesa católica en Norteamérica, pasó a control de puritanos y protestantes y el catolicismo prohibido durante 80 años).

Guerra de los 30 años (1618-1648, Francia y las potencias protestantes contra España y los católicos centroeuropeos, pero con mil variantes coyunturales no religiosas).

9 "Guerras de Religión" (del siglo XVI-XVII en Europa,

aunque la enciclopedia no las especifica).

Guerra de Esmalcalda (protestantes contra católicos, s.XVI)

Alzamiento escocés contra María de Guisa (s.XVI, protestantes contra una reina católica).

Guerra de Sonderbund (1847, siete cantones católicos contra el resto de Suiza, menos de cien muertos).

Las 2 guerras de Villmergen (s.XVI, entre cantones católicos y protestantes en Suiza).

Guerra entre Transilvania y los Habsburgo (católicos contra protestantes en el s.XVI).

Guerra Sueca (no se especifica: desde el siglo XVI y su paso al luteranismo, el país ha estado implicado en unas 16 guerras, algunas de factor religioso importante contra católicos).

Guerras entre cristianos y musulmanes (48)

Invasión almohade de España (s.XII).
Conquista musulmana de Cartago (s.VII).
14 guerras entre bizantinos y musulmanes (entre la aparición del Islam y el año 1000).
Reconquista cristiana de Toledo.
Invasión de Carlomagno en Hispania (contra musulmanes).
Guerra de Crimea (1853-1856, las ortodoxas Rusia y Grecia contra los otomanos musulmanes... y sus aliados occidentales; empezó con una disputa por los Santos Lugares, pero la clave era el expansionismo ruso y la oposición occidental).
Las 9 cruzadas hacia Tierra Santa, cristianos contra musulmanes (aunque la cuarta es dudosa: eran occidentales saqueando Bizancio, sin razón religiosa).
Guerra Santa de Saladino (musulmanes contra cruzados en el s.XII).
Reconquista cristiana de la Granada musulmana.

Invasión Javanesa de Malaca (1511, musulmanes javaneses contra portugueses en Malaca).
Gran Guerra de Java (1825-1830, javaneses musulmanes contra holandeses en Indonesia).
Guerras Santas del Mulá Loco (derviche de Somalia que lanzó una yihad en 1898 contra los colonizadores ingleses e italianos).
Guerra Civil Libanesa (de 1975 a 1990, en el país con más cristianos de Oriente, complicada por la Guerra Fría, el nacionalismo panárabe, las injerencias de Siria e Israel...)
Cruzada de Nicópolis (1396, gran derrota de la alianza cristiana europea frente a los otomanos de Bayaceto).
Alfonso V de Portugal "el Africano" contra Marruecos (1458-1471).
Portugal contra Marruecos (1578).
Portugueses contra omaníes en África oriental (s.XVI).
Guerra serbo-turca (ortodoxos contra musulmanes).
6 guerras en España entre cristianos y musulmanes (912-928; 977-997; 1001-1031; 1172-1212; 1230-1248; 1481-1492; sin duda hubo más, pero con un motivo religioso mucho más diluido).
Conquistas españolas en África del Norte (en el siglo XVI: Melilla, Orán, Argel, Bugía, Trípoli, Túnez...).
Guerra entre Francia y Tukulor (califa islámico en Malí proclama yihad contra colonias francesas en el s.XIX).
Guerra ruso-turca de 1877-1878.

Guerras entre cristianos y paganos (3)

Sasánidas de Yazdegerd II contra romanos cristianos en 441 (Yazdegerd persiguió a los cristianos de Persia; la Enciclopedia no recoge su guerra contra los cristianos armenios en Avarair 451).
Invasión de Carlomagno contra paganos sajones.

Guerra Danesa-Estonia (siglo XIII, daneses papistas contra paganos estonios).

Otras guerras con musulmanes (8)

Guerra entre Meca y Medina (en época de Mahoma: Medina era el bando musulmán).

Guerra Padri (s.XIX en Sumatra; los padris eran yihadistas, contra los adats, indonesios apoyados por Holanda).

Guerra Civil Persa (1500-1503, los saváfidas imponen el islam chií como religión oficial).

Rebelión rajput contra el Gran Mogol Aurangzeb (s.XVII, hindúes y minorías contra un unificador islámico).

Revuelta Jurramita (el califato musulmán abásida en Persia, en el siglo VIII, contra los mazdaquitas, una variante de la religión dualista persa, el mazdeísmo).

Revuelta de Muqanna (s.VIII, el persa Muqanna, que decía ser una encarnación divina, contra los musulmanes abásidas).

Partición de la India y Pakistán (al irse los británicos, división entre regiones hindúes y musulmanas, entre 1947 y 1957, con entre 10 y 12 millones de desplazados, quizá 2 millones de muertos).

Guerras de Vijayanagar (un imperio hindú contra sultanatos musulmanes, siglo XVI).

Guerras contra el Estado (4)

Revuelta Shimabara en Japón (1637-1638, cristianos perseguidos y campesinos oprimidos contra samurais paganos; cristianismo prohibido).

Insurrecciones mexicanas-Guerras Cristeras (1927-1929, regulares laicistas contra campesinos católicos).

Revolución Brabanzona (en 1787 y 1790, en Bélgica, católicos contra medidas laicistas del rey).

Alzamiento de la Danza Fantasma (indios paganos masacrados por el Gobierno de EE.UU. en Wounded Knee en 1890).

Casos peculiares (6)

3 Guerras Sagradas de Grecia pagana (siglo VI a IV a.C, por los recursos del Oráculo de Delfos; hubo una cuarta guerra pero la enciclopedia no la valora como religiosa).

Juliano el Apóstata contra los persas sasánidas (421-422; Juliano y su facción pagana querían gloria militar).

Las Centurias Negras en Rusia (principios del siglo XX, xenófobos ultraortodoxos zaristas y antisemitas contra civiles judíos).

Masacre de Mountain Meadows (1857, una milicia mormona mata a una caravana de emigrantes hostiles).

Casos que no entendemos por qué aparecen en la lista (3)

Guerra Castellano-Aragonesa (¿la guerra de los dos Pedros de 1356 a 1375?).

Guerra entre Lucca y Florencia (de 1430, que no parece tener ningún factor religioso).

Guerra de los Monjes (no sabemos a cuál se refieren).

Trasfondo

JA Pérez

Escritor, humanitario y precursor de movimientos de cosecha en América Latina.

Ha escrito libros en varios géneros, como teología, escatología, liderazgo, y sobre temas para la familia y los retos de la vida cotidiana.

Además, sostiene conferencias para líderes donde asiste a intelectuales, así como a iletrados, en la adquisición de destrezas esenciales y soluciones pragmáticas para comunicar esperanza con valentía en entornos complejos, y a veces hostiles.

Sus concentraciones masivas y misiones humanitarias han atraído grandes multitudes durante años.

Él, su esposa y sus tres hijos, viven en un suburbio de San Diego en California, desde donde se coordinan todos los proyectos de la asociación que lleva su nombre.

Otros Libros por JA Pérez

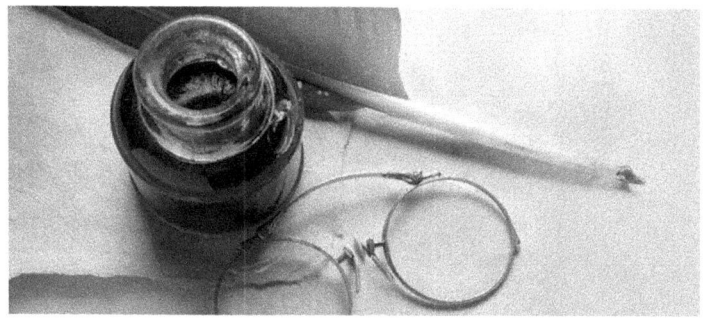

JA Pérez ha escrito varios libros y manuales de entrenamiento. Todos sus libros están disponibles en Amazon.com así como en librerías y tiendas mundialmente. Libros con temas para la familia, empresa, liderazgo, economía, profecía bíblica, devocionales, inspiracionales, evangelismo y teología.

Varios Temas

Crecimiento Espiritual, Teología, Principios de Vida y Relaciones — Recientes

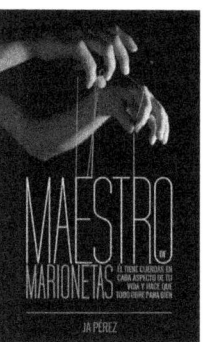

Profecía Bíblica

Liderazgo
Empresa, Gobierno y Diplomacia

Evangelismo y Misiones

Discipulado para Nuevos Creyentes y Estudios de Grupos

Crecimiento
Inspiración y Creatividad

Clásicos
Principios de Vida y Relaciones — Ficción

English
Collaboration, Relations, Growth

Contacte / siga al autor

Blog personal y redes sociales

japerez.com

@porJAPerez

facebook.com/porJAPerez

Asociación JA Pérez

japerez.org

Keen Sight Books

www.ingramcontent.com/pod-product-compliance
Lightning Source LLC
Chambersburg PA
CBHW070451050426
42451CB00015B/3430